张氏八段锦

主　编　张晓航
副主编　郭培杰
编　委　刘　飞　王文杰
　　　　黄彦博

北京体育大学出版社

策划编辑 力　歌
责任编辑 张　力
责任校对 罗乔欣
版式设计 联众恒创

图书在版编目（CIP）数据

张氏八段锦 / 张晓航主编. -- 北京 : 北京体育大学出版社, 2016.1（2020.9重印）
ISBN 978-7-5644-2198-4

Ⅰ. ①八… Ⅱ. ①张… Ⅲ. ①八段锦－基本知识 Ⅳ. ①G852.9

中国版本图书馆CIP数据核字(2016)第018242号

张氏八段锦 张晓航　主编

出版发行：北京体育大学出版社
地　　址：北京市海淀区农大南路 1 号院 2 号楼 4 层办公 B-421
邮　　编：100084
网　　址：http：//cbs.bsu.edu.cn
发 行 部：010-62989320
邮 购 部：北京体育大学出版社读者服务部 010-62989432
印　　刷：北京瑞禾彩色印刷有限公司
开　　本：710mm × 1000mm　1/16
成品尺寸：170mm × 240mm
印　　张：5.5
字　　数：86 千字
版　　次：2016 年 1 月第 1 版
印　　次：2020 年 9 月第 2 次印刷
定　　价：28.00 元

前言

八段锦历史悠久，大概源于南梁代，南朝梁代陶弘景撰有《养性延命录》即有八段锦中相仿动作，形成于宋代，南宋洪迈《夷坚志》亦有记载，至明清有了较大的发展。八段锦是中国传统养生术中流传最广、影响最大的方法之一，八段锦是说其动作套路如绵似锦，柔和优美。因其动作主要有八节，故名“八段锦”。而张氏八段锦是创始人张长祯先生传承于明末清初，由明朝三位武将退隐山林，将此功法传承下来，一直流传至今。

而张氏八段锦最大的特色是具备武术特点的导引术。所谓的武术是以技击动作为主要内容，以套路、格斗、功法为主要运动形式，而技击是武术的本质特征，也是武术技术动作反映的核心内容。而传统导引术是以主动的肢体运动，配合呼吸运动或自我按摩而进行锻炼，其中还包括吐纳、行气、服气、练气、静坐等。所以说武术的本质属性是一种技击术，而传统导引术的本质属性是一种养生术。由于形成原因的不同、发展道路的不同导致了最终形成的事物也是截然不同的。武术与传统导引术的本质区别正是在其产生和发展过程中体现出来的，就本质属性的不同，最终导致了二者的主要功能的不同，在社会上流传也大相径庭。

因为武术技击的本质，所以武术的动作一般都以攻守进退、动静疾徐、刚柔虚实等矛盾运动的变化规律编成的练习形式。传统导引术与武术相比则有了很大的差异，就动作的节奏而言，它是运动柔和、动作缓慢，以及注意气血的运行，呼吸、意念的配合。虽然说两者在锻炼方式上有很大的区别，但从张氏八段锦内我们可以发现两者相结合的痕迹。传统武术的动作要领：含胸、拔背、虚领顶劲、气沉丹田、沉肩坠肘、完整一气、内外三合等，诸多要领多与内劲有关系。从张氏八段锦的锻炼中，我们可以发现，在缓慢、柔和的动作下，还包含了用劲的诀窍，就比如在调理脾胃需单举中的瓦垄掌变虎爪，就结合了武术中的“起于根，顺于中，达于梢”的“顺达力”，是让全身各个相关肌肉协调一致的运动所产生的力，在武术中称为“劲力”，若是仅由身体的某些局部肌肉的运动所产生的力，会缺乏灵活性和不具备整体感，而劲力的锻炼也是现在很多导引术所缺乏的。

在现代生理学研究，肌肉的活动是通过收缩和舒张这一基本功能实现的，肌肉的收缩和舒张过程中，产生力量和长度变化，从而牵拉骨杠杆围绕关节做一定的位移运动，或保持一定的位置，以实现各式各样的运动和维持各种姿势。在一次发力过程中，募集参与收缩发力的肌肉越多力量越大，力量与肌肉的横截面成正比，大力量需要调动大肌肉群参与。在张氏八段锦中要求从脚到手节节贯穿，调动全身各个关节每块肌肉来完成一次动作，使得上下一家具备完整性，提高肌肉力量的整合效率。

所以习练张氏八段锦可以使身体达到刚而不僵，柔而不懈，刚柔相济的“和谐力”，使得人体各部位肌肉高度协调与配合，可以改善错误的发力习惯，例如肌群未能明确分工，没有建立良好的协作关系所出现的“拙劲”；关节僵紧，肌肉僵硬，动作不准确的“僵力”；不按照动作的用力法则，使得动作不顺达，易断滞而不连贯的“蛮力”。让人体意念、呼吸与力量的高度集中统一，涵盖了人体运动的“上下、左右、前后、内外”等方方面面的“整力”，既达到了传统导引术的内在养生功能，而又可以增进人体整个神经－肌肉系统有序度的提高。

目 录
CONTENTS

前 言 ……………………………………………………………1

第一章 功法介绍……………………………………………………1

一、什么是八段锦 …………………………………………… 1

二、八段锦的功法特点 ……………………………………… 3

（一）柔和舒缓，圆活连贯 ……………………………… 3

（二）松紧结合，动静相间 ……………………………… 3

（三）神与形合，气寓其中 ……………………………… 4

三、八段锦的功效 …………………………………………… 4

（一）预防疾病 …………………………………………… 5

（二）塑身 ………………………………………………… 5

（三）减缓疲劳 …………………………………………… 5

（四）抗衰老 ……………………………………………… 6

（五）强健心理 …………………………………………… 6

四、开始练功前必须注意的几件事 ………………………… 6

（一）练习前的准备活动、练习时间 …………………… 6

（二）练习中的动作要求及运动量 …………………………… 7
（三）练习环境及情绪 ……………………………………… 7
五、练习时需要注意的几个要点 ……………………………… 7
（一）松静自然 ……………………………………………… 7
（二）准确灵活 ……………………………………………… 8
（三）练养相兼 ……………………………………………… 8
（四）循序渐进 ……………………………………………… 9

第二章　基础动作………………………………………… 10
一、基本呼吸法 …………………………………………… 11
（一）正确呼吸法 ………………………………………… 11
（二）正确呼吸对人体的三大好处 ……………………… 12
二、基本暖身法 …………………………………………… 13
（一）张氏舒缓放松法——遛腿 ………………………… 13
（二）张氏基本拉筋法——熇腿 ………………………… 16
三、进阶暖身法 …………………………………………… 23
（一）张氏肩部松筋法——洗肩 ………………………… 23
（二）张氏腰部强壮法——磨腰 ………………………… 28
（三）张氏劲力顺达法——运肘通力 …………………… 33

第三章 功法演示…………………………………………………… 36

第一式 双手托天理三焦 ………………………………………………… 36

第二式 五劳七伤往后瞧 ………………………………………………… 40

第三式 调理脾胃须单举 ………………………………………………… 44

第四式 左右开弓似射雕 ………………………………………………… 49

第五式 攒拳怒目增气力 ………………………………………………… 53

第六式 摇头摆尾去心火 ………………………………………………… 58

第七式 两手攀足固肾腰 ………………………………………………… 62

第八式 背后七颠百病消 ………………………………………………… 67

第四章 健康养生…………………………………………………… 71

一、人体气、血是什么 ………………………………………………… 71

二、气血运行不通畅的原因 …………………………………………… 72

三、练习八段锦对气血的好处 ………………………………………… 73

四、练习八段锦需要掌握的四法 ……………………………………… 73

八段锦知识问答……………………………………………………… 76

一、怎样才能掌握好八段锦锻炼的运动量? ………………………… 76

二、八段锦在练习中应如何进行呼吸吐纳? ………………………… 76

三、八段锦在练习中怎样进行心理调节? …………………………… 77

四、八段锦对提高中老年人的身体健康水平有什么作用? ………… 77

五、八段锦对改善中老年人身体形态有什么作用？ ……… 77
六、为什么练习八段锦能够改善中老年人呼吸系统机能？… 78
七、八段锦是否能够改善中老年人心血管系统机能？ …… 78
八、八段锦对提高中老年人的柔韧性及关节灵活性是否有效果？
…………………………………………………………… 78
九、八段锦对提高中老年人平衡能力和协调能力是否有效果？
…………………………………………………………… 79
十、八段锦能否提高中老年人的生存质量？ ………… 79

视频讲解示范

全部影像视频

本书二维码使用说明

本书资源全部指向书链网，您可以直接微信扫码，观看视频讲解示范，也可以在手机里安装书链客户端（APP）扫码使用，APP 下载视频到手机，可以支持离线播放。

第一章　功法介绍

一、什么是八段锦

八段锦是传统医学导引中绚丽多彩之瑰宝。一般有 8 节。它的历史悠久，简单易学，不出偏差，功效显著。八段锦的“八”字，不是单指段、节和 8 个动作，而是表示其功法有多种要素，相互制约，相互联系，循环运转。正如明代高濂在其所著《遵生八笺》中“八段锦导引法”所讲：“子后午前做，造化合乾坤。循环次第转，八卦是良因。”“锦”字，是由“金”“帛”组成，以表示其精美华贵，锦者，誉其似锦之柔和优美。除此之外，“锦”字还可理解为单个导引术式的汇集，如丝锦那样连绵不断，是一套完整的健身方法。

八段锦起源于宋代，在明、清代逐渐发展。记载的比较详细的是明代冷谦的《修龄要旨》。古代记载的八段锦分坐式和站式。站式八段锦是由坐式八段锦发展而来的，内容上减少了吞津和按摩等方法，在意念方面的要求也不如坐式八段锦高，但是增强了运动锻炼强度。因此，不同年龄段的人可根据各自情况选择练习。

传说中八段锦是由岳飞创制的，也有传说八段锦是由唐代的钟离权创编的，但这些说法并不十分可信。在魏晋许逊的《灵剑子引导子午记》中，有关于八段锦锻炼方法的记载。但最早出现“八段锦”名称的是宋代洪迈著《夷坚志》一书。在宋代的道教养身书也记载有相类似的健身方法，如曾慥辑的《道枢》等。所以大多数人认为八段锦是在宋代创制的。

现在流行的是晚清时所传的歌诀：双手托天理三焦，左右开弓似射雕。调理脾胃须单举，五劳七伤往后瞧。摇头摆尾去心火，背后七颠百病消。攒拳怒目增气力，两手攀足固肾腰。“文八段”又称南派，多用坐式，注重凝神行气。其图式出自南宋河滨丈人《摄生要义》。明•王圻《三才图会》载有类似图式并附有功法。高濂《遵生八笺》概括为歌诀：“闭目冥心坐，握固静思神。叩齿三十六，两手抱昆仑。左右鸣天鼓，二十四度闻。微摆撼天柱，赤龙搅生津。漱津三十六，神水满口匀。一口分三咽，龙行虎自奔。闭气搓手热，背摩后精门。尽此一口气，想火烧脐轮。左右辘轳转，两脚放舒伸。叉手双虚托，低头攀脚频。以候逆水上，再漱再吞精。如此三度毕，神水九次吞。咽下汩汩响，百脉自调匀。河车搬运讫，发火遍烧身。……子后午前后，造化合乾坤。循环次第转，八卦是良因。”亦附有功法 8 图，且对于歌诀有详细注释。曹无极《万育仙书》曾转载此诀，后世流行颇广。

新中国成立后，党和政府对民族传统体育项目非常重视。20 世纪 50 年代后期，人民体育出版社先后出版了唐豪、马凤阁等人编著的《八段锦》，后又组织编写小组对传统八段锦进行了挖掘整理。由于政府的重视，习练八段锦的群众逐年增多。到 20 世纪 70 年代末 80 年代初，八段锦作为民族传统体育项目开始进入我国大专院校课程。这些都极大地促进了八段锦理论的发展，丰富了八段锦的内涵。

通过对大量文献史料的查阅、考证，有以下基本认识：（1）传统八段锦流传年代应早于宋代，在明清时期有了较大发展；（2）传统八段锦创编人尚无定论，可以说八段锦是历代养生家和习练者共同创造的知识财富；（3）清末以前的八段锦主要是一种以肢体运动为主的导引术；（4）八段锦无论是南派、北派或是文武不同的练法，都同出一源，在流传中相互渗透，逐渐趋向一致。

二、八段锦的功法特点

张氏八段锦的功法，经过几代人的传承与发展，到张晓航这里，已经在各个方面逐步得以完善。它吸收了各家之长，剔除了以往功法中不合理的成分，使功法更凸显修身养性的功效，增加了起势与收势等，使功法更加完整与科学。

张氏八段锦的运动强度和动作的编排次序完全符合运动学和生理学规律，属于有氧运动，安全可靠。任何人都适合习练。功法动作特点主要体现在以下三个方面。

（一）柔和舒缓，圆活连贯

柔和，是指习练时动作不僵不拘，轻松自如，舒展大方。舒缓，是指习练时身体重心平稳，虚实分明，动作不紧不慢，轻柔徐缓。圆活，是指动作路线带有弧形，不起棱角，不直来直往，符合人体各关节自然弯曲的状态。它是以腰脊为轴带动四肢运动，上下相随，节节贯穿。连贯，是要求动作的虚实变化和姿势的转换衔接，无停顿断续之处。既像行云流水连绵不断，又如春蚕吐丝相连无间，使人神清气爽，体态安详，从而达到疏通经络、畅通气血和强身健体的效果。

（二）松紧结合，动静相间

松，是指习练时肌肉、关节以及中枢神经系统、内脏器官的放松，在意识的主动支配下，逐步达到呼吸柔和、心静体松，但是松而不懈，保持正确的姿态，并将这种放松程度不断加深。紧，是指习练中适当用力，且缓慢进行，主要体现在前一动作的结束与下一动作的开始之前。八段锦中的“双手托天理三焦”的上托、“左右弯弓似射雕”的马步拉弓、“调理脾胃须单举”的上举、“五劳七伤往后瞧”的转头旋臂、“攒拳怒目增气力”的冲拳与抓握、“背后七颠百病消”的脚趾抓地与提肛等，都体现了这一点。紧，在动作中只在一瞬之间，而放松须贯穿动作的始终。松紧配合适度，有助于平衡阴阳、疏通经络、分解黏滞、滑利关节、活血化瘀、强筋壮骨、增强体质。

本功法中的动与静主要是指身体动作的外在表现。动，就是在意念的引导下，动作轻灵活泼、节节贯穿、舒适自然。静，是指在动作的节分处做到沉稳，特别是在前面所讲 8 个动作的缓慢用力之处，在外观上看略有停顿之感，但内劲没有停，肌肉继续用力，保持牵引抻拉。适当的用力和延长作用时间，能够使相应的部位受到一定强度的刺激，有助于提高锻炼效果。

（三）神与形合，气寓其中

神，是指人体的精神状态和正常的意识活动，以及在意识支配下的形体表现。“神为形之主，形乃神之宅。”神与形是相互联系、相互促进的整体。本功法每式动作以及动作之间充满了对称与和谐，体现出内实精神、外示安逸，虚实相生、刚柔相济的特点，做到了意动形随、神形兼备。气寓其中，是指通过精神的修养和形体的锻炼，促进真气在体内的运行，以达到强身健体的功效。习练本功法时，呼吸应顺畅，不可强吸硬呼。

三、八段锦的功效

八段锦的动作缓和，是每个年龄段都可以练习的养生功法，可以温和地保健和疗病，对于想要养生减缓衰老但却无法承受剧烈运动的老年人和初老人群；想要提升免疫力、增强体质的一般人群；或是有诸多不适症状的慢性病人群。八段锦所包含的医理和功理有一定的好处，以下分别说明。

（一）预防疾病

八段锦的动作有应用到振动的动作，包括攒拳怒目增气力的冲拳或是背后七颠百病消的踮脚下振等，借由振动的方式，可以使气血的流动加速，作用到身体各个经络及脏腑，可以达到预防或是治疗疾病的作用，尤其是对于经络阻滞有较好的疏通作用；而整体拉筋活动，则可活化免疫系统，并可以促进淋巴的排毒。

（二）塑　身

借由深层呼吸、核心肌群用力、较大幅度的拉筋，可以使身体消耗较多的热量，其中如左右开弓似射雕、摇头摆尾去心火等幅度较大的动作，借由马步可以有效地锻炼核心肌群，有效地消耗多余的脂肪和强壮肌肉。但是，八段锦的优点并非强调消耗多少热量，而是借由最少的关节、肌肉的耗损来激发体内最大的能量，提升人体的基础代谢率。当肌丰筋强，配合上呼吸，则可达到按摩内脏、提升代谢、稳定脊柱的功效，从而由内而外打造出良好体态，具有好的身形。

（三）减缓疲劳

八段锦中的五劳七伤向后瞧、背后七颠百病消、摇头摆尾去心火等可以有效地缓解因压力过大、过度疲劳造成的肌肉酸痛、亚健康状态、失眠、疲劳等慢性耗损性疾病。八段锦中借由伸展、转体、振动来舒缓紧绷的肌肉、神经，可以有效地松筋减压，进而达到平稳紧张情绪、使思考专注，有助于提高工作和学习效率，更可减缓紧张状态下所造成的疲劳。

（四）抗衰老

八段锦借由拉筋伸展、用力松力、躯体旋转、深层呼吸等多方面协调，可以有效帮助气血的加速流动，达到排除瘀浊阻滞的气血、提高气血津液的运行，使气血可以通达全身，达到滋养肌肉、筋骨、经络、脏腑等作用。只要使全身气血循环良好，就能够避免因为代谢废物累积所引起的衰老现象，使气血运行舒畅，气色也能光润怡人。

（五）强健心理

八段锦虽然一招一式都对应有一定的脏腑，或三焦，或脾胃，但是，从中医学角度出发，讲求整体观，通过 “调身”“调息”“调心”，在生理上疏通人体经络，保证人体气血畅通，具有保精、养气、存神的作用；精、气、神是人体生命中的三宝。

同时，在心理上还可调节改善人们的不良心理状态。练习时要求静心用意，达到虚静闲恬的平和心境，用意识协调自如地引导动作运行，可以有助于神经系统的协调性和灵活性，能缓解大脑的疲劳，调节情绪，保持人体身心平衡，减轻焦虑，改善不良情绪。

四、开始练功前必须注意的几件事

（一）练习前的准备活动、练习时间

一般来说，最好的练习时间是清晨起床后，最好排空大小便，结合散步做一些随意的准备活动，然后静立片刻，调匀呼吸，排除杂念，以全身发热、通体微汗为宜。练习时间长短，应根据自己的身体情况而定，体弱者可适当减少练习时间，随身体的好转，再逐步延长练习时间，逐步加大运动量，要循序渐进，持之以恒。切记酒后、饭前过饥、

饭后过饱不宜练习。

（二）练习中的动作要求及运动量

练习时要用意而忌用力，八段锦的动作都是由意识来支配的，用意念来引导动作以达到精神和肌肉两方面的锻炼。练习应尽量自然放松、柔和、缓慢，避免造成呼吸急促、心跳增快等副作用。运动量要根据各人不同的体质和健康状况，并根据气温，灵活调整，千万不要用力抬腿或下蹲，动作幅度要适可而止，气温较高时，运动量应小些，耐力和力量性训练应减少，柔韧性训练可增多。

（三）练习环境及情绪

练习地点最好能选择一个干净避风的环境，以庭院、公园等空气新鲜、多光线的地方为宜，忌日光直射、风口和阴湿晦气之地，练八段锦要求“呼吸深长”“气沉丹田”，若烈风和晦气深入腹中，有害于脏腑。心情要舒畅，大悲大怒后，情绪欠佳尚未稳定时，不宜练功。

五、练习时需要注意的几个要点

（一）松静自然

松静自然，是练功的基本要领，也是最根本的法则。松，是指精神与形体两方面的放松。精神的放松，主要是解除心理和生理上的紧张状态；形体上的放松，是指关节、肌肉及脏腑的放松。放松是由内到外、由浅到深的锻炼过程，使形体、呼吸、意念轻松舒适无紧张之感。静，是指思想和情绪要平稳安宁，排除一切杂念。放松与入静是相辅相成的，入静可以促进放松，而放松又有助于入静，二者缺一不可。

自然，是指形体、呼吸、意念都要顺其自然。具体来说，形体自然，要合于法，一动一势要准确规范；呼吸自然，要莫忘莫助，不能强吸硬呼；意念自然，要“似守非守，绵绵若存”，过于用意会造成气滞血瘀，导致精神紧张。需要指出的是，这里的“自然”决不能理解为“听其自然”“任其自然”，而是指“道法自然”，需要习练者在练功过程中仔细体会，逐步把握。

（二）准确灵活

准确，主要是指练功时的姿势与方法要正确，合乎规格。在学习初始阶段，基本身形的锻炼最为重要。本功法的基本身形，通过功法的预备势进行站桩锻炼即可，站桩的时间和强度可根据不同人群的不同健康状况灵活掌握。在锻炼身形时，要认真体会身体各部位的要求和要领，克服关节肌肉的酸痛等不良反应，为放松入静创造良好条件，为学习掌握动作打好基础。在学习各式动作时，要对动作的路线、方位、角度、虚实、松紧分辨清楚，做到姿势工整，方法准确。

灵活，是指习练时对动作幅度的大小、姿势的高低、用力的大小、习练的数量、意念的运用、呼吸的调整等，都要根据自身情况灵活掌握，特别是对老年人群和体弱者，更要注意。

（三）练养相兼

练，是指形体运动、呼吸调整与心理调节有机结合的锻炼过程。养，是通过上述练习，身体出现的轻松舒适、呼吸柔和、意守绵绵的静养状态。习练本功法，在求动作姿势工整、方法准确的同时，要根据自己的身体情况，调整好姿势的高低和用力的大小，对有难度的动作，一时做不好的，可逐步完成。对于呼吸的调节，可在学习动作期间采取自然呼吸，待动作熟练后再结合动作的升降、开合与自己的呼吸频率有意识地进行锻炼，最后达到“不调而自调”的效果。对于意念的把握，在初学阶段重点应放在注意动作的规格和要点上，动作熟练后要遵循“似守非守，绵绵若存”的原则进行练习。

练与养，是相互并存的，不可截然分开，应做到“练中有养”“养中有练”。特别要合理安排练习的时间、数量，把握好强度，处理好“意”“气”“形”三者的关系。从广义上讲，练养相兼与日常生活也有着密切的关系。能做到“饮食有节、起居有常”，保持积极向上的乐观情绪，将有助于提高练功效果，增进身心健康。

（四）循序渐进

八段锦对于初学者来说有一定的学习难度和运动强度。因此，在初学阶段，习练者首先要克服由于练功而给身体带来的不适，如肌肉关节酸痛、动作僵硬、紧张、手脚配合不协调、顾此失彼等。只有经过一段时间和数量的习练，才会做到姿势逐渐工整，方法逐步准确，动作的连贯性与控制能力得到提高，对动作要领的体会不断加深，对动作细节更加注意，等等。

在初学阶段，本功法要求习练者采取自然呼吸方法。待动作熟练后，逐步对呼吸提出要求，习练者可采用练功时的常用方法——腹式呼吸。在掌握呼吸方法后，开始注意同动作进行配合。这其中也存在适应和锻炼的过程，不可急于求成。最后，逐渐达到动作、呼吸、意念的有机结合。

由于练功者体质状况及对功法的掌握与习练上存在差异，其练功效果不尽相同。良好的练功效果是在科学练功方法的指导下，随着时间和习练数量的积累而逐步达到的。因此，习练者不要“三天打鱼，两天晒网”，应持之以恒，循序渐进，合理安排好运动量。

第二章　基础动作

基本功是练习传统导引术必须具备的身体活动能力、技术技巧能力等基础。基础训练，包括了柔韧性、灵活性、协调性等一系列综合性练习人体内、外各部位功能的方法。

在张氏拳法的传承中，不论是武术技击或是导引养生，都强调基础的扎实。而这些基本功包括腿功、腰功、肩功等主要内容。腿功表现的是腿部的柔韧性、灵活性等功夫；肩功表现的是肩关节柔韧性、活动范围的大小以及力量等方面的功夫；腰功表现的是腰部灵活性、协调控制上下肢运动的能力和身法技巧的功夫。在张氏拳法的传承中，最基础的基本功包含了遛腿、熇腿、洗肩、磨腰等四个重要部分，每个部分都不仅仅是局部或单个关节的活动，例如遛腿就包含了手、眼、身、法、步的协调配合，要知道身体素质不是孤立存在和发展的，它们之间相互影响、相互促进和相互制约。而其他的包括熇腿、洗肩、磨腰的练习除了局部的针对性外，也包含这几个方面锻炼，所以说基本功可以全面发展身体整体素质。

张氏拳法中的导引术，强调以形体导引，调节人体经络气血运行，以导形引气，调整经络脏腑气血，使其气血调和，改善脏腑功能以祛病健身。虽然以“筋骨顺而气血行，气血顺而脏腑调”为核心，但是在锻炼的过程中也强调以基本功为基础，透过基本功强化肌肉、肌腱、韧带等外在身体素质的柔韧性和协调性，使得在练习导引术的过程中身体能够有更好的伸展和稳定，从而达到外与内合、形与气合，更好地提高导引术的练习效果。

一、基本呼吸法

（一）正确呼吸法

肺是体内外气体交换的主要场所，在胸廓有节律地扩大和缩小中完成吸气与呼气，为身体提供氧气，排出二氧化碳，保证生命的正常运行。呼吸主要有胸式呼吸和腹式呼吸，前者短而浅，后者长而深。腹式呼吸是让横膈膜上下移动。由于吸气时横膈膜会下降，把脏器挤到下方，因此肚子会膨胀，而非胸部膨胀。而吐气时横膈膜将会比平常上升，因而可以进行深度呼吸，吐出较多易停滞在肺底部的二氧化碳，并且可以按摩我们的内脏器官，是一种较好的呼吸方式。

很多人因为呼吸太短促，只采用通过肋间肌和肋骨运动的胸式呼吸，每次的换气量非常小，使空气不能深入肺叶下端，导致换气量小。在正常呼吸频率下，通气不足，使体内的二氧化碳累积，而久坐、压力、焦虑是导致这一结果的主要原因。浅短的呼吸方式不仅容易让人大脑缺氧、感到疲惫，还与焦虑、压力、抑郁、心脑血管疾病，甚至癌症紧密相连。

正确的深呼吸方法要把握两个原则，即匀和缓。吸气时，尽量用鼻子均匀缓慢地吸气，尽量深吸，吸到吸不进气体为止，呼气时要用力往出吐，假想自己在吹一个气球，这样才能最大限度地将废气排出体外，以保证交换的气体多一些。最好的呼吸方法是“吸—停—呼”，无论是防治疾病、强身健体，还是压力来袭、情绪不稳、睡不着觉时，都可以按照以上方法做做深呼吸。

（二）正确呼吸对人体的三大好处

1. 舒缓肌肉及关节

自古以来，养生家都会强调呼吸的重要性，例如明•龚廷贤的《寿世保元》中："呼出脏腑之毒，吸入天地之清。"而当疾病发生之前，我们的身体肌肉筋骨等外在局部位置就会出现不适感，如现在人常见的腰背酸痛、四肢活动不利、肢体麻木僵硬等，提示着身体内部出现病变，可以借由正确的呼吸法，将全身处于一种一松、一紧、一弛、一张的状态，间接地达到放松舒缓的状态。

2. 强化脏腑平衡

正确的呼吸法，可以在呼吸之间，协调体内五脏六腑、经脉气血流行的作用。还可以借由调息来调节脏腑间五脏运行，并和天地间五行相生相克达到联系，使五脏和天地阴阳五行间协调，借由吸入清气、吐出浊气，来平衡内脏间的运转，达到平肝、补心、健脾、肃肺、纳肾等脏腑正确运行模式。

3. 以外在呼吸引导内气运行

陶弘景在《养性延命录》一书中说："凡行气，以鼻纳气，以口吐气，微而行之名曰长息。纳气有一，吐气有六。纳气一者谓吸也，吐气六者谓吹、呼、嘻、呵、嘘、呬，皆为长息吐气之法。时寒可吹，时温可呼，委曲治病，吹以去风，呼以去热，嘻以去烦，呵以下气，嘘以散滞，呬以解极。"借由呼吸带动体内气机运行，调整体内病变部位，恢复健康，也可以使心境恢复平和、情绪恢复稳定。

二、基本暖身法

（一）张氏舒缓放松法——遛腿

“遛为百练之母。”遛腿因集调息、敛意、热身为一体，使习者进入练功状态，所以列练功之首位。

【动作过程】

（1）两脚平行开立与肩同宽，身体自然正直，两臂自然下垂，两手十指相对掌心下按于小腹前。头端正，目不远视。（图 2-1）

（2）两腿微屈膝，左脚向前迈出，脚尖点地。同时，右手自体侧向体前正中上摆，抖腕立指，中指对眉心，左手屈指成钩下落至体侧后，略停。（图 2-2）

图 2-1

图 2-2

（3）右手猛然向前下方切落。（图 2-3）

图 2-3

（4）右手屈腕屈指成鹅头钩。（图 2-4）

图 2-4

（5）右脚迈出，右手钩略停，再下落至体侧后；左手重复右手动作。（图 2-5 ～图 2-7）

（6）左、右交替行进数次。

图 2-5

图 2-6

图 2-7

（二）张氏基本拉筋法——熇腿

熇腿犹如红焖坛肉烹制过程一样，把坛子熇在炉旁，慢火调制。张家良先生曾说："熇腿的练法相当于要在炉上慢烤。"这和现今追求的快速、死板、器械性的拉撑有着本质上的区别。

【动作过程】

（1）两脚平行开立与肩同宽，身体自然正直，两臂自然下垂，两手十指相对掌心下按于小腹前。头端正，目不远视。（图 2-8）

图 2-8

（2）右腿屈膝上提，右脚由地面提至左膝前，右脚脚心向内，脚趾向左。右腿膝内掩裆，呈金鸡独立式。（图 2-9）

图 2-9

（3）右脚由左膝前向正前方蹬伸，将右腿伸直，再把右脚轻轻搭放在架子上。脚尖勾回。（图 2-10、图 2-11）

图 2-10

图 2-11

（4）以头找脚尖，动作到位后稍停，恢复动作（3）。（图 2-12、图 2-13）

图 2-12

图 2-13

（5）左手由腰部离开，虎口向下，反手抓握右脚背，上体右转，眼视右后方。（图 2-14、图 2-15）

图 2-14

图 2-15

（6）身体往腿部靠拢后，稍停。（图 2-16、图 2-17）

图 2-16

图 2-17

（7）右手放置于左肋下，身体向左旋转，头从左臂下探出，目视上方，稍停后恢复动作（3）。（图 2-18、图 2-19）

图 2-18

图 2-19

（8）双手上举，指尖于膻中处相对，稍停后左转。（图 2-20 ～图 2-23）

图 2-20

图 2-21

图 2-22

图 2-23

（9）沿身体左侧下按。（图 2-24、图 2-25）

图 2-24

图 2-25

（10）双手抱左脚踝，身体尽量往腿部靠拢，稍停。（图 2-26、图 2-27）

图 2-26

图 2-27

（11）双手按地，抬头，目视前上方。（图 2-28、图 2-29）

图 2-28

图 2-29

（12）恢复动作（3），重复动作（4）后，右脚下落还原预备姿势。右式完成后再做左式，左右动作相同。

【注意事项】

（1）依照身体状态调整合适高度，身体尽量保持平稳。

（2）脚跟搭放不宜过多，动作过程中保持脚尖回勾。

三、进阶暖身法

（一）张氏肩部松筋法——洗肩

是指洗去肩部淤塞之垢，舒筋活络利于通气。

【动作过程】

（1）两脚平行开立与肩同宽，身体自然正直，两臂自然下垂，两手十指相对掌心下按于小腹前。头端正，目不远视。（图2-30）

（2）提起左脚，向左开跨，向左旁开一步，向左转体，呈左弓箭步。（图2-31、图2-32）

图 2-30

图 2-31

图 2-32

（3）右手手心向上，拇指向外，上由腰际向前平缓穿出至肩平。目送右手中指尖。（图 2-33）

（4）右臂由前平向上画至头上。手心向后，拇指向外，尽力伸引。（图 2-34）

图 2-33

图 2-34

（5）两脚不动，胯向右转 90° 呈左侧弓箭步。右臂内旋，手心向外，拇指向内，立掌由头上向体侧劈落至肩平。（图 2-35）

（6）还原成左弓箭步，右手穿出后，立掌。（图 2-36、图 2-37）

图 2-35

图 2-36

图 2-37

（7）双脚不动，胯向右转 90° 呈左侧弓箭步。右手下按，置于右腰间。（图 2-38）

（8）右臂外旋，沿右侧上穿，经耳前，右臂直伸。（图 2-39、图 2-40）

图 2-38

图 2-39

（9）身体左转90°呈左弓箭步，转身同时右臂下击至肩平。（图2-41）

图 2-40

图 2-41

（10）维持左弓箭步，立掌。右臂下落至右腰间。（图 2-42、图 2-43）

图 2-42

图 2-43

（11）右臂上举，至耳前处右手前翻，掌心向上。（图 2-44）

（12）继续上举至头顶，抬头，目视前上方。（图 2-45）

图 2-44

图 2-45

（13）右臂外旋，手心向上，拇指向外。右掌背向体前砸落至肩平。（图 2-46）

（14）立掌向左下按落至体前裆下。右臂屈肘收回腰际，收左脚起身。（图 2-47）

图 2-46

图 2-47

（15）向右转体 180° 做左式。左右动作相同。左右动作全部完成后，还原成预备姿势。

【动作要求】

（1）弓步左右转胯时后脚尖要对正前脚跟，上体要中正。

（2）落掌力砸千斤，立掌要坐腕展指。

【注意事项】

坐腕立掌下劈、掌心向后之直臂上伸、掌心向上之沉肩砸臂、立掌下按等动作，旨在激活肩臂后下方经筋，舒筋活络利于通气。由于张氏八段锦在锻炼时重视武术中的“起于根，顺于中，达于梢”的“顺达力”，是让全身各个相关肌肉协调一致的运动所产生的力，所以在洗肩练习时要更加注意伸臂延伸时各个肌肉的相互配合，在延展时达到极限处再稍微停顿，感觉腿—腰—肩—掌之间的连贯性，使得整体肌肉能更好地延展以及协调。

（二）张氏腰部强壮法——磨腰

“磨”字从石，本义具有磨制石器的意思。加工玉称“琢”，加工石称“磨”。《诗·卫风·淇奥》中有：“如切如磋，如琢如磨。”《论衡·量知》中说：“切磋琢磨，乃成宝器。”引申有克服阻碍、困难和磨炼含义。

【动作过程】

（1）两脚平行开立与肩同宽，身体自然正直，两臂自然下垂，两手十指相对掌心下按于小腹前。头端正，目不远视。（图 2-48）

图 2-48

（2）起左脚，开跨，双手放于腰边。（图 2-49）

（3）向左横向开步，两膝弯曲下蹲，两大腿与地面平行，小腿与地面垂直，脚尖内扣，五趾抓地，呈马步。右手从腰间向后内旋，达身侧与肩平。从外侧向前展开，右手翻转，手心向上。（图 2-50、图 2-51）

图 2-49

图 2-50

图 2-51

（4）左手由腰际掌在目光引领下，向正前方平缓穿出至肩平，手心向上。（图 2-52）

（5）身体不动，左手由正前方外展运至身体左侧肩平，手心向上。（图 2-53）

图 2-52

图 2-53

（6）身体不动，左手由左前方运至身体正后方。身体后仰，向前挺腰做桥。（图 2-54、图 2-55）

图 2-54

图 2-55

（7）身体向前翻转，由仰身换至俯身。重心随身体翻转动逐渐向右过渡，呈右弓步。左臂由后方收至于左耳傍，手心向上，手指向右。

上体向右前方斜倾长腰，左臂手心向上，向右前方反背插掌至手臂伸直。同时头向右转，由右肩头回头看左脚跟。（图 2-56）

图 2-56

（8）左手维持不动，以腰运身，身体向左转至正前方。（图 2-57、图 2-58）

图 2-57

图 2-58

（9）再转至左边后，身体转动运至正前方。左手由外向内圈手画圆收于腰际。（图 2-59）

（10）身体后倒做桥，左手手心向上手指向前，由腰际向前穿至腰平伸直。（图 2-60）

图 2-59

图 2-60

（11）上身起立，身体向左转回正面，两腿呈马步。开始右磨腰，动作和左边相同。（图2-61）

图 2-61

【动作要求】

（1）肢体圆活舒缓，切忌用力。

（2）嘴微张不憋气。

（3）前后左右四正面要适度停留。

【功　理】

磨腰功以肚脐、命门、左右带脉为主穴，以练通带脉为主。张氏八段锦在锻炼时要求达到全身各个相关肌肉协调一致的运动所产生的力，而产生出武术所谓的“顺达力”，所以在磨腰练习时，要求后仰、侧展、前探等动作时，从腰部、胸部、肩、臂、手尽量地延伸，感觉根于腰，展于掌，使得整体能够更好地连贯以及协调。

（三）张氏劲力顺达法——运肘通力

【动作过程】

（1）两臂外旋至身体两侧手心向下，手指向外。伸腕两手自然下垂至手心向内。（图 2-62）

（2）两手屈指抓握成拳。收拳抱肘收于腰际，拳心向上，拳眼向外。左臂向上平举，平肩，向前外穿，手心向上。（图 2-63）

（3）手臂向左平展。到达左侧后停止，手腕外旋，由平掌变为虎爪。（图 2-64、图 2-65）

图 2-62

图 2-63

图 2-64

图 2-65

（4）沿身体外侧向上平举，手腕随上举慢慢内旋，举至头侧。（图 2-66）

（5）以肘带手，肘朝右前方屈肘运肘。（图 2-67）

（6）肘朝左下方腰部下运，用肘尖向下砸至腹前。（图 2-68）

（7）身体回正做右式，左右动作相同。

图 2-66

图 2-67

图 2-68

【动作要求】

（1）伸臂舒展，肘尖向下砸时用力。

（2）肘部随动作旋转，不带有僵硬感。

【注意事项】

张氏八段锦在锻炼时要求达到全身各个相关肌肉协调一致的运动所产生的力，而产生出武术所谓的“顺达力”。所以在习练八段锦前最好配合锻炼运肘通力，可以使得人体局部肌肉的协调与配合。通过练习下砸的劲力可以改善错误的发力习惯，例如肌群未能建立良好的协作关系所出现的错误发力习惯。

第三章　功法演示

视频讲解示范

第一式　双手托天理三焦

【动作解析】

1. 双脚分开，与肩同宽。（图 3-1）

2. 膝微屈，马步，双手掌心向下吸气上行至与肩平齐，沉肩坠肘。（图 3-2）

图 3-1

图 3-2

3. 反掌，掌心向上，屈肘，缓缓收回至腰间。（图 3-3）

4. 双手落至腰间后，再反掌向下，缓缓向下落至下丹田，双臂撑圆，拇指向内，其余四指相对。（图 3-4）

图 3-3

图 3-4

5. 反掌向上，至膻中穴位置，双臂撑圆。外展，让胸廓充分打开，尤其是膻中穴处于打开状态。（图 3-5）

开呼合吸，举吸落呼。（图 3-6）

图 3-5

图 3-6

6. 双臂撑圆上举，眼睛注视中指相对处，掌心向上，突出劳宫穴位置。双手十指相对，拇指外展与食指呈 45 度角。中指位于百会穴位置，手臂撑圆停留 30 秒。（图 3-7）

7. 双臂自然下落，沉肩坠肘，向外伸直左臂（吸气），目视左手中指尖，目视右臂（呼气），向外伸直右臂，目视前方（屏气）。（图 3-8）

8. 反掌向上，变掌为虎爪。（图 3-9）

图 3-7

图 3-8

图 3-9

9. 双臂向上，虎爪相对。（图3-10）

10. 虎爪自头顶交叉，自面前徐徐落下至丹田位置，屏息。（图3-11）

11. 呼气，将虎爪以从小指到大拇指的顺序逐个放开。（图3-12）

图 3-10

图 3-11

图 3-12

【功理功效】

双手托天理三焦。三焦，是指人体上、中、下三焦，属于六腑之一，位于胸腹之间，其中胸膈以上为上焦，胸膈与脐之间为中焦，脐以下为下焦。人体三焦主司疏布元气和流行水液。关系到饮食水谷受纳、消化吸收与输布排泄的全部气化过程，为“五脏六腑之总司”（《类经附翼·求正录》）。习练 “双手托天理三焦”，通过加强四肢和躯干的伸展活动，可影响胸腹腔血流的再分配，有利于肺部的扩张，使呼吸加深，吸进更多的氧气，以促进气体交换增强通行元气的功能。

八段锦开头就做这一动作，通过全身的伸展活动，伴随深呼吸，调节气机升降，一则可消除疲劳；再则是一种全身肌肉和内脏的总动员，为以下各段动作做好准备；三则对三焦有较好的调理作用。

视频讲解示范

第二式　五劳七伤往后瞧

【动作解析】

1. 双肘自然微屈，双掌向上置至腰间。（图 3-13）

图 3-13

2. 右手自腰间向前穿出，后翻掌向上举过头顶，眼睛随着右手中指向后转动，左手立掌向后推出。（图 3-14）

3. 左掌收回推出连续 3 次，推出时呼气，收回时吸气。（图 3-15）

4. 将左右手变虎爪，左手在下，右手在上，收回至腰间，屏住呼吸。（图 3-16）

图 3-14

图 3-15

图 3-16

5. 收势：双手自然收回到丹田，目视前方。（图 3-17）

（1）双手收至腰间位置。（图 3-18）

（2）目视中指位置，目随手转。（图 3-19）

图 3-17

图 3-18

图 3-19

（3）头随身转，转体后右臂伸出。（图 3-20）

（4）变虎爪。（图 3-21）

图 3-20

图 3-21

（5）收回到侧腰间。（图 3-22）

（6）将虎爪收回到下丹田。（图 3-23）

图 3-22

图 3-23

【功理功效】

五劳七伤往后瞧，是头部反复向左、向右转动，眼球尽量往后看，通过头部运动对活跃头部血液循环、增强颈部肌肉活动有较明显的作用，而且对消除大脑和中枢神经系统的疲劳和一些生理功能障碍等也有促进作用。

五劳，一般有两种解释：一指心、肝、脾、肺、肾等劳损；另指“久视伤血，久坐伤肉，久立伤骨，久行伤筋，久卧伤气”。不论哪种解释，都是因劳逸不当、活动失调而引起的几种损伤。七伤，即七情（喜、怒、忧、思、悲、恐、惊）伤害、由于精神活动过度强烈和持久或者过度静止抑郁，造成神经紊乱失调，从而造成脏腑气血劳损。五劳七伤，犹如今天的亚健康；长期劳顿，没有及时休养生息，终究造成损伤的累积。

视频讲解示范

第三式 调理脾胃须单举

【动作解析】

1. 双手自然提起，掌面向上至腰间，左手自腰间向前穿出，手呈瓦垄状，沉肩坠肘。（图 3-24）

图 3-24

2. 手臂向左打开（呼气），目视左手中指尖。（图 3-25）

3. 反掌向下，瓦垄掌变虎爪。（图 3-26）

4. 瓦垄掌变虎爪。（图 3-27）

图 3-25

图 3-26

图 3-27

5. 左臂上掌，目视上举左臂中指端。（图 3-28）

6. 左臂自右侧头部下拉收回。（图 3-29）

7. 右掌垂直向正前方穿出（呼气）。（图 3-30）

图 3-28

图 3-29

图 3-30

8. 右臂自然外展（吸气），伸长（吸气）。（图 3-31）

9. 右掌变虎爪。（图 3-32）

10. 右臂上举（吸气）。（图 3-33）

图 3-31

图 3-32

图 3-33

11. 自头部左侧徐徐落下。（图3-34）

12. 屈两臂置于腰侧。（图3-35）

13. 双臂交叉，脚尖向前，上身右转，目视前方，左臂掌心向外，右臂掌心向内，双臂外展，感觉膻中穴被打开。（图3-36）

右侧位姿势。（图3-37）

左侧位姿势。（图3-38）

左侧位姿势。（图3-39）

图3-34

图3-35

图3-36

图3-37

图 3-38

图 3-39

【功理功效】

调理脾胃须单举。脾胃是人体的后天之本，气血生化的源泉。中医认为，脾主升发清气，胃主消降浊气。这一式中，左右上肢松紧配合的上下对拉拔伸，能够牵拉腹腔，刺激胃肠蠕动，使消化功能得到加强，有助于增强脾胃运化水谷的功能，从而达到疏导中焦之气，调节气机，调理脾胃（肝胆）和脏腑经络的作用。

第四式　左右开弓似射雕

视频讲解示范

【动作解析】

1. 直立，两腿并立。右臂右侧平伸，左臂屈肘平齐于肩。两手为虎爪。（图 3-40）

图 3-40

2. 左势

（1）左手拇指、食指伸直成 90 度角，其余三指向掌心屈回，左掌立。

（2）右手拇指垂直伸直，其余四指屈回。（图 3-41）

3. 右掌沿左掌肺经收回，目视左掌食指指尖。（图 3-42）

视频讲解示范

图 3-41

图 3-42

4. 右掌收回至云门穴（肺经），马步，沉肩坠肘，目视前方。（图 3-43）

5. 右掌其余四指伸开向右正前方推出，肘撑圆，沉肩坠肘。（图 3-44）

6. 右掌向外平行推出。（图 3-45）

7. 双臂平举，瓦垄爪，肘臂外卷。（图 3-46）

图 3-43

图 3-44

图 3-45

8. 反掌向下，瓦垄爪变虎爪。（图 3-47）

9. 双肩自然下落，呈虎爪。（图 3-48）

10. 弓步收回，双腿直立，双爪收回到下丹田，右爪在上，左爪在下，目视前方，屏息，虎爪自然放开，小拇指至大拇指。（图 3-49）

图 3-46

图 3-47

图 3-48

图 3-49

【功理功效】

左右开弓似射雕。这一式展肩扩胸，左右手如同拉弓射箭式，其动作的重点在胸部，招式优美；这节动作可以抒发胸气，消除胸闷；疏理肝气，使气机通畅，治疗胁痛；同时可增强胸肋部和肩臂部肌肉，促进血液循环消除肩背部的酸痛不适；可增强心肺功能，对上焦作进一步的调理；可刺激督脉和背部俞穴，刺激手三阴三阳经，疏通经络之气。

对于那些长期伏案工作，压力较大的白领人士，练习它可以增加肺活量，充分吸氧，增强意志，精力充沛。

视频讲解示范

第五式　攒拳怒目增气力

【动作解析】

1. 双臂上抬至腰间。（图 3-50）

2. 右手自腰间后方穿出。（图 3-51）

3. 向前方画弧线至正前方。（图 3-52）

图 3-50

图 3-51

图 3-52

4. 握固。（图 3-53）

5. 握固之拳徐徐收回至腰间。（图 3-54）

6. 冲出右拳（同时呼气），身体略向左转。（图 3-55）

图 3-53

图 3-54

图 3-55

7. 右拳收回至腰间。（图3-56）

8. 左手自腰间后方穿出。（图 3-57）

9. 向前方画弧线至正前方。（图 3-58）

图 3-56

图 3-57

图 3-58

10. 握固。（图 3-59）

11. 握固之拳徐徐收回至腰间。（图 3-60）

12. 冲出左拳（同时呼气），身体略向右转。（图 3-61）

图 3-59

图 3-60

图 3-61

13. 左拳收回至腰间。（图 3-62）

14. 收势。（图 3-63）

图 3-62

图 3-63

【功理功效】

攒拳怒目增气力。中医认为，肝主筋，开窍于目。这一式马步冲拳，怒目瞪眼，均可刺激肝经系统，使肝血充盈，肝气疏泄，强健筋骨。对那些长期静坐卧床少动之人，气血多有瘀滞，尤为适宜。

“攒拳怒目增气力”中的“攒拳怒目”可刺激肝经，使肝血充盈，肝气疏泄，而起到强筋健骨的作用。这段动作要求两腿下蹲脚趾用力抓地，拳头紧攒、旋腕、手指逐节强力抓握，全身用力，聚精会神，瞪眼怒目。这些动作可激发大脑皮层和植物神经兴奋，加强气血的运行。此外，怒目有助于增强攒拳的气力，也是用力的表现，长期锻炼，可刺激手足三阴、三阳经脉的俞穴，调节肝胆之经气。

视频讲解示范

第六式　摇头摆尾去心火

【动作解析】

1. 马步下蹲，脚尖向前，双脚与肩同宽，沉肩坠肘，双小臂上行至腰间。（图 3-64）

图 3-64

2. 左掌打开置于腰间，左脚弓步，右跨下沉，右腿撑直下蹲，右掌外翻，掌心向外，手背向内，沿胆经下行至外踝。（图 3-65）

图 3-65

3. 手掌外翻，掌心向上，突出劳宫穴，手呈瓦垄爪，目视右掌心劳宫穴。（图 3-66）

图 3-66

4. 右掌抬起，右腿收回，上身渐直。（图 3-67）

图 3-67

5. 屈右膝，跨甩直右侧，左腿下压，右掌置于右侧腰间。（图 3-68）

图 3-68

6. 左掌外翻，劳宫穴向上，左手沿胆经下行至左侧外踝处。（图 3-69）

图 3-69

7. 左侧下蹲势。（图 3-70）

图 3-70

8. 左掌收回势。（图 3-71）

图 3-71

9. 收势。掌心向上，双臂上举。（图 3-72）

10. 至百会穴后沿面前自然下落，至头顶时双臂撑圆。（图 3-73）

11. 掌心向下自然下落，至下丹田处十指相对。（图 3-74）

图 3-72

图 3-73

图 3-74

【功理功效】

摇头摆尾去心火。中医病理中的“火”是交感神经紧张的一种表现，人体正常活动时多少都可引起交感神经紧张。健康人的这种紧张经休息调整后即可消除，如果休息后仍不消除，即属病态。这种病态是中医心火偏盛的病理表现，因此去心火是消除非正常神经紧张的一种方法。

心火者，思虑过度，内火旺盛所致。要降心火，须得肾水，心肾相交，水火既济。这一式，上身前俯，尾闾摆动，使心火下降，肾水上升，可以消除心烦、口疮、口臭、失眠多梦、小便热赤、便秘等等症候。

“摇头摆尾去心火”属全身性运动，通过两腿下蹲，摆动尾闾，可刺激脊柱、督脉。而督脉为阳经之汇，通过摇头摆尾刺激脊柱督脉及大椎穴（是为中医的泄法），可起到疏经泄热、平衡阴阳的作用，有助于除去心肝之火。

第七式　两手攀足固肾腰

视频讲解示范

【动作解析】

1. 起势。（图 3-75）

图 3-75

2. 反掌向上（瓦垄掌），至膻中穴。（图 3-76）

3. 双臂平举打开胸廓，感觉膻中穴被打开。（图 3-77）

4. 反掌向上，双掌撑圆举过头顶，目视中指指尖，十指相对。（图 3-78）

图 3-76

图 3-77

图 3-78

5. 反掌向下，目自面前落下十指相对。（图 3-79）

6. 双掌沿胃经下行。（图 3-80）

7. 下行至足腕部，拇指向外按摩昆仑穴，四指向内按摩脾经。（图 3-81）

图 3-79

图 3-80

图 3-81

8. 双手攀足，大拇指按摩昆仑穴，其余四指按摩太溪穴，上身前屈，头顶与地面平行，百会穴向地面。（图 3-82）

9. 反掌向上，沿膀胱经上行。（图 3-83）

10. 反掌，掌心向上，沿膀胱经上行。（图 3-84）

11. 双手反掌向上行至腰间。（图 3-85）

图 3-82

图 3-83

图 3-84

图 3-85

12. 虎爪行于下丹田。（图 3-86）

13. 虎爪逐个放开，从小拇指至大拇指，变柳叶掌。（图 3-87）

14. 收势。（图 3-88）

图 3-86

图 3-87

图 3-88

【功理功效】

两手攀足固肾腰，既有下伏，又有前伸，可充分伸展腰背肌肉。同时，两臂尽量向下伸展，对增强腰部及下腹部位的功能也有良好作用。腰为肾之府，是三焦中下焦位置所在，为全身运动的关键部位，不仅是腰肌、腰椎骨骼和重要神经之所在，而且保护着重要内脏器官，腰部运动实际上也包括腹部及腹部所包括的各种人体组织和器官的运动。这一式通过前屈后伸刺激脊柱、督脉及命门，使人体的督脉和足太阳膀胱经得到拉伸牵扯，对生殖系统、泌尿系统以及腰背部的肌肉都有调理作用。同时双手按摩腰背下肢后方，按摩阳关、委中等穴位，可以起到固肾壮腰的作用。坚持练两手攀足可使腰肌得到延伸锻炼，使腰部组织器官，特别是肾脏、肾上腺功能得到增强，有助于调节下焦各脏腑功能。

视频讲解示范

第八式　背后七颠百病消

【动作解析】

1. 起势。（图 3-89）

2. 反掌向上。（图 3-90）

3. 至乳根穴位置双掌握拳。（图 3-91）

图 3-89

图 3-90

图 3-91

图 3-92

4. 双掌下行至腰间。（图 3-92）

5. 掌心向上，自腰间穿向后腰，双拳位于第 3 腰椎处，双足后跟抬起。（图 3-93）

图 3-93

6. 后背图。（图 3-94）

7. 双足落地，同时双拳打开，自然下行至臀部位置，呼气。（图 3-95）

8. 后背图。（图 3-96）

图 3-94

图 3-95

图 3-96

【功理功效】

背后七颠百病消，通过五趾抓地，两腿并拢，提肛收腹，肩向下沉，百会上顶，颠足，整个动作要求放松。与两手托天动作正相反，托天动作是要把全身伸展，拉开，而这段动作是要通过轻微震动，使全身各器官、各系统复位。所谓百病消，并非指单做七颠能消除百病，而是指长期坚持整套八段锦锻炼使三焦气机调畅、阴阳平和、脏腑健旺，使整个机体功能增强，从而收到抵御百病的效果，体现了中医“治未病”的观念。

这一式动作简单，颠足而立，拔伸脊柱，下落振身，按摩五脏六腑。俗话说：百步走不如抖一抖。这一式下落振荡导致全身的抖动，十分舒服，不仅可以有利于消除百病，也正好可以作为整套套路的收功效。

第四章　健康养生

一、人体气、血是什么

在中国传统认为“气”是生命的根本，代表了呼吸，更代表着体内的一切能量。“气”的来源有三：从父母遗传过来的“先天之气”，藏于肾；从饮食所汲取的“水谷精气”，在于脾胃；从呼吸中获得的“自然清气”，位于肺。三者借由人体的协调作用，不断地补充体内所需的能量。借由补充“水谷精气”和“呼吸清气”能够培养、调理先天体质的不足。所以透过饮食、运动、睡眠、调息全面的养生，才能够培养体内之气，并拥有健康、长寿的体质。

而“气”与“血”是一种相互依存的关系。在中国传统分类学来说，“气”属“阳”，为无形的能量；“血”属“阴”，是有形的物质。“气为血之帅”“气能行血”，中医认为血液的运行，需要仰赖气的推动与引导；而“血为气之母”“血能载气”，说明气必须借由血的承载，才不会任意妄行。如果气血能够正常地运行，人体的新陈代谢才能够顺利地运作，保持良好的循环，可以让机体获得充足的营养物质，更可以有效地排除体内的废物。

假如气血运行遇到阻碍，养分补充和废物排出不及时，人体会处于一种中毒的状态，容易引起一连串的病变，慢慢地导致气血的衰退。当气血出现衰退，气血运行发生阻碍，就会引起精神不振、肢体酸痛麻木、活动不便等不适。气滞、血瘀的出现，人体的代谢会减慢，容易出现脏腑的耗弱、身体的老化、免疫功能的低下，就会出现各种病变。

二、气血运行不通畅的原因

现代人生活较为复杂，饮食作息失序，工作压力太大，容易造成气血运行出现问题，以下就现代人常见的几点问题讨论。

（一）缺乏运动

久坐不动，是现代人常见的生活习惯，容易造成气血循环的阻滞，也会造成身体筋骨的不协调，出现体态歪斜。气血容易郁积在各个空隙中，例如肌肉纤维间、关节腔、骨盆、腹腔、胸腔等。当郁积发生，容易造成胸闷、腰酸、背痛、五十肩、水肿等不适症状。

（二）作息失序

气血会在不同时间流注到不同脏腑经脉中，当气血流注各个经脉脏腑时，会使得人体进入一种自我修复的状态，如晚上 11 点～ 1 点是胆经运行的时间，此时就应该上床睡觉，以保护人体阳气运行的顺畅；又凌晨 1 点～ 3 点是肝经循行的时间，人应该进入熟睡，才有助于肝脏的修复。

（三）压力过大

压力造成人体的损害不容小觑，当人处于较大压力下，会造成气机阻滞，容易造成气滞血瘀、身体循环出现障碍、气血分布不均匀等问题。当气血阻滞，容易出现偏头痛、高血压病、失眠、植物神经失调、内分泌混乱等一系列问题。

（四）饮食失调

现代人饮食上不但过量，口味过重，嗜食肥甘厚味，使肝胆脾胃运化失调，聚湿生痰，容易造成脂肪肝，而高糖、高脂、高盐、高热量的食物，也容易引发高血压病、高血脂症、糖尿病等慢性病，而这些代谢性疾病有越来越向年轻人发展的趋势。

三、练习八段锦对气血的好处

中医学把人体内脏和体表各部组织、器官看成是一个有机的整体，同时认为四时气候、周围环境等因素对人体生理病理有不同程度的影响，既强调人体内部的统一性，又重视机体与外界环境的统一性，从而形成了独特的整体观念。中医学还十分强调机体正气对于疾病发生与否的决定作用，认为“气”是构成人体和维持人体生命活动的最基本物质，自然界一切事物的变化，都根源于天地之气的升降作用，用气的运动和形气转化的观点，来说明生命、健康和疾病等问题，认为人体就是一个不断发生着升降出入的气化作用的机体。

“八段锦”功法是以中医经络学说为基础，经络是运行全身气血，联络脏腑肢节，沟通上下内外的通路。如果经络阻隔、气机不畅，则导致津液凝滞而成痰饮、痰湿，血行不利而成血瘀，同时气郁影响津液的输布，造成阴津亏虚，百病由此而生。同时脏腑有病可通过经络反映出来，所以疏通经络就能治脏腑之病，经络不可不通。所谓“通则不痛，痛则不通”就是这个道理。张氏八段锦新功法每个动作根据经络循行起终交结规律，突出体现逢练必旋、逢功必绕的特点，这样缓解了末梢小血管痉挛状态，改善微循环，从而达到通经活络的目的。每式的练习都要求上下肢的协调配合，动作柔和不用僵劲，并且在整个过程中做到柔和缓慢，圆活连贯，松紧适度，动静相间。经常练习八段锦可以疏通经络，消结化瘀，保津益气，减脂降压，畅通气血，疏筋柔体，强体增智。

四、练习八段锦需要掌握的四法

练习八段锦时首先要掌握松静自然、准确灵活、练养相间、循序渐进等基本要领，旨在使周身关节放松，疏通经络，强化下肢功力。

待功法习练要领掌握后，再进入“以意行气、以气运形”的用意阶段。否则，急于用意，往往欲速则不达，顾此失彼。

（一）点与线

八段锦多以“点”“线”内外旋转的互化构成。行功运势、各种动作运行线路，皆由若干“点”构成抛物线，即旋转弧线，由弧线合为圆，再由圆转化为点—线—旋转弧线—圆，如此周而复始循环往复。就人体内部结构而言，可理解为点、线、圆结构。

肩两端的肩髃与大椎穴三点连成一条水平线；百会、人中、中丹田、会阴穴构成前中心竖直线；尾闾、命门、大椎、玉枕再至百会构成后中心竖直线，任、督二脉连接起来构成弧线圈；水平线与竖直线相交构成了人体内的自交叉平衡线；就弧线圈而言，可理解为“三平一竖”四大圈。三平一竖四大圈的分工，肩圈可主人体平衡，腰圈可主人体旋转，胯圈可主人体进退，丹田之立体圈可主人体发力。无论方位如何变化，体内交叉线务必保持中正平衡。

（二）旋　转

行功中指、掌、臂、胯、腰、颈等各部关节，始终处于旋转缠绕绞拉之中。旋转方式多为内旋、外旋，至于其他形式无不由此变通。

例如指、掌、臂的旋转。八段锦每式几乎都运用此动作，它是通过旋转性动作实现健身作用的。如 “攒拳怒目增气力”中的左臂内旋左拳变掌，左臂外旋，肘关节微屈；同时，左掌向左旋掌缠绕，变掌心向上后握固。此式就有 3 个旋转缠绕的动作。

（三）开　合

开后必合，合后必开；开始即“合”始，合始即“开”始；开即合，合即开。一般展则为开，缩则为合。练习时，只要“开”时要意想全身各部关节放松，不仅身开，心亦开；凡合是要意想全身收缩，不仅身合，心亦合。开时，内气自下而上发，起于腰眼，经脊骨，聚于背，经大臂、小臂，行于指尖；合时，内气自上而下收，经小臂、大臂、肩背，收于腰眼。

（四）吞 吐

“吞”即为呼吸的“吸”，“吐”即为“呼”，贯注于动作的开合中即可。初练功者，以自然呼吸为主。进入用意阶段后，随着功力水平的不断提高，逐步地将自然呼吸变为逆腹式呼吸，有意识地以吞吐配合动作的开合。

开呼，要用吐意，小腹可凸；合吸，要用吞意，小腹可凹。每动一开一合，腹部一凸一凹，由此经过反复习练，力求使呼吸与开合动作有机地配合。如此为之，呼吸自然会深、细、匀、长，久而久之，呼吸与动作则协调一致。

八段锦知识问答

一、怎样才能掌握好八段锦锻炼的运动量？

答：一般情况下，一周应不少于5次练习，每次练习可做1～2遍，每遍之间休息约2分钟，加上准备活动和结束时的整理运动，一次练习在40分钟左右为宜。如时间或身体健康情况不允许，可以在一天中安排1～2次练习，每次练习15～30分钟，也可以将整套功法拆开，从中选择适合自己的动作来练习。

由于受性别、年龄、身体条件等因素以及练习者之间存在的个体差异影响，不同情况的健身者对运动负荷的承受能力不尽相同。一般来说，可以根据运动后的身体感觉来确定运动量安排得是否合理。如果运动后精神愉快、脉搏稳定、血压正常、食欲及睡眠良好，练习后次日身体无不良反应，表明运动量适宜；如果运动后身体明显疲劳，脉搏长时间得不到恢复，食欲不振、睡眠不佳，表明运动量过大，应及时进行调整。

二、八段锦在练习中应如何进行呼吸吐纳？

答：习练八段锦时一般采用逆腹式呼吸，同时配合提肛呼吸。具体操作是吸气时提肛、收腹、膈肌上升；呼气时膈肌下降、松腹、松肛。呼吸吐纳要与动作导引相互配合，起吸落呼，开吸合呼，蓄吸发呼，在每一段主体动作的松紧与动静变化的交替处，可适当屏气。

考虑到每个人的肺活量、呼吸频率存在差异，练功时的动作幅度也有大小、长短之别，练习者对呼吸的要求应灵活运用，不要生搬硬套，气息不畅时，应随时进行调节。

三、八段锦在练习中怎样进行心理调节?

答：心理调节是指练功者对思维活动的调控，也称调心。八段锦的调心不是守一，而是意想动作过程，包括动作的规格、要点、重点部位以及呼吸。具体来讲，在练功初期，主要是注意动作规格和要点；在熟练提高阶段，重点是注重风格特点，使动作与呼吸相协调。随着功法的熟练、技术水平的提高，动作趋于自动化，呼吸也近于自然，心神也随之越来越恬淡，这时可以将意念集中到每个练习动作的规格、要点和重点部位上，最后达到动作、呼吸、心理协调一致。

四、八段锦对提高中老年人的身体健康水平有什么作用?

答：长期有规律地进行八段锦锻炼，可以降低体脂百分比和血脂，降低血压和心率，使其维持在正常水平，增强心肺功能；可以降低交感神经张力，增强迷走神经张力，有助于降低发生心脑血管疾病的危险性。同时，坚持八段锦锻炼还可以提高练习者运动素质，缓解焦虑，改善心境，提高中老年人的生存质量。另外，长期坚持八段锦锻炼可以增强中老年人清除自由基的功能，改善性激素水平，缓解智能生理年龄的衰退，具有一定的延缓衰老功效。因此，八段锦是中老年人养生保健、延年益寿的一种有效手段。

五、八段锦对改善中老年人身体形态有什么作用?

答：研究表明，中老年人经过6个月的八段锦练习，体重、体重指数、围度指标、皮褶厚度等均发生显著变化，而且这种变化主要是身体成分变化，使皮下脂肪组织含量显著下降，瘦体重显著增加。八段锦是一种中等强度的有氧健身运动，长时间、系统地参加八段锦功法锻炼，可以改善中老年人群的身体成分，有助于塑造中老年人群健康、匀称、优美的体型。

六、为什么练习八段锦能够改善中老年人呼吸系统机能？

答：这可以从八段锦整套动作的编排中找到答案。“双手托天理三焦”“左右开弓似射雕”和“两手攀足固肾腰”这三个动作，均要求在完成过程中，不断加大呼吸幅度与呼吸深度，从而使膈肌上下运动幅度大大增加，使呼吸肌肉群得到充分锻炼，而膈肌是人体最重要的呼吸肌，对它的有效锻炼可以增加胸腔体积，从而提高肺活量。

七、八段锦是否能够改善中老年人心血管系统机能？

答：部分练习者练功过程中的心率动态遥测研究结果显示，经 6 个月练习后，练功者在完成一套功法过程中，无论是练功中的最大心率和平均心率以及练功后即刻心率都有一定程度的下降，提示练习八段锦对提高中老年人心脏功能有一定作用。而且八段锦运动量为中小强度，运动负荷符合中老年人要求，可以作为提高中老年人心血管机能的一种有效手段。

八、八段锦对提高中老年人的柔韧性及关节灵活性是否有效果？

答：是的，这得益于其中“两手攀足固肾腰”。此式动作要求练习者尽力做大幅度的躯干前屈，长期练习可以提高人体躯干的灵活性。

其实，八段锦练习不仅可以提高躯干的灵活性，它对人体其他部位和关节都有一定保健作用，如“五劳七伤往后瞧”可提高脊柱颈部的灵活性，“双手托天理三焦”“调理脾胃须单举”能够提高肩关节和手关节的灵活性，“摇头摆尾去心火”则可以提高髋和踝关节的灵活性。

九、八段锦对提高中老年人平衡能力和协调能力是否有效果？

答：有。八段锦“左右开弓似射雕”与“摇头摆尾去心火”两式，要求练习者在开收步当中要控制好身体重心，始终做到虚实分明，加上练习过程中又要求保持较长时间的马步站立，这对练习者腿部和踝关节的肌肉锻炼较大，可以提高维持身体平衡肌肉群的力量，有助于对平衡神经中枢的刺激，从而提高练习者的平衡能力。

十、八段锦能否提高中老年人的生存质量？

答：八段锦动作具有柔和缓慢、圆活连贯、松紧结合、动静相兼、神形相合、气寓其中的特点。长期练习可以平衡阴阳、疏通经络、分解黏滞、滑利关节、活血化瘀、强筋壮骨、增强体质，这些功效可以从现代生命科学的角度进行解释。

八段锦运动强度适中，是典型的中等强度的有氧运动。作为锻炼者，每天进行 1 小时的练习，虽然运动强度不高，但长时间的运动可以消耗体内及皮下多余的脂肪，改善身体成分，还可以增加肌肉力量。从八段锦动作结构本身来看，其第四式“左右开弓似射雕”和第六式“摇头摆尾去心火”等均要求马步站立，这对发展下肢肌肉力量有非常好的作用，同时由于许多动作中都要求手指用力抓握，可以充分锻炼前臂及手部的肌肉群，如“攒拳怒目增气力”等。

此外，练习八段锦要求“神形相合，气寓其中”，即整套动作要达到意动形随、神形兼备，可以明显提高锻炼者的注意力集中程度，并有效建立神经系统与动作的和谐一致，从而使锻炼者对信号的反应能力以及动手操作能力得到协同发展，最终有利于中老年人群保持良好的精神状态和高雅气质。八段锦锻炼要求心平气和，豁达乐观，祛除杂念，坦荡安稳，最后达到自我调整，改善心理健康的目的，所以练习八段锦能够提高中老年人的生存质量。